RECUEIL

des principaux faits relatifs à l'administration

DE

M. Albert DU BOSQUIEL,

Maire de Bondues.

LILLE,
IMPRIMERIE DE L. REBOUX.

1850.

Lk 7/1051

RECUEIL

des principaux faits relatifs à l'administration

DE

M. Albert DU BOSQUIEL,

Maire de Bondues.

RECUEIL

des principaux faits relatifs à l'administration

DE

M. Albert DU BOSQUIEL,

Maire de Bondues,

Par Louis DERVAUX.

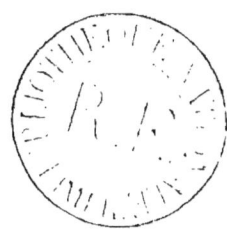

LILLE,
IMPRIMERIE DE E. REBOUX.

1850.

A MONSIEUR ALBERT DU BOSQUIEL,

MAIRE DE LA COMMUNE

DE BONDUES,

Chevalier de la Légion-d'Honneur.

Monsieur le Maire,

Cédant à un conseil qui m'a été donné par quelques-uns de mes amis, je viens de terminer un petit ouvrage où j'ai relaté quelques faits qui ont signalé d'une manière particulière votre longue et honorable administration. Je suis heureux, monsieur le Maire, de pouvoir vous l'offrir, comptant sur votre indulgence pour une plume qui est bien inférieure au sujet qu'elle a osé traiter.

Dans l'espoir que vous daignerez agréer ma légère offrande, et la considérer comme un gage de mon attachement inviolable et de ma sincère gratitude,

Je suis avec le plus profond respect,

Monsieur le Maire,

Votre très humble et très dévoué serviteur,

Louis DERVAUX.

Bondues, le 24 octobre 1850.

INTRODUCTION.

Dans le présent opuscule, que j'offre aux habitants de Bondues, je n'ai nullement prétendu rapporter tous les actes de bienfaisance et de charité que M. Du Bosquiel, Maire de cette commune depuis 26 ans sans interruption, a exercés dans sa longue carrière administrative. Je n'ai point songé à publier tous les services qu'il a rendus à ses administrés, ni toutes les preuves de sa constante sollicitude pour les intérêts communaux, et de son extrême obligeance envers tout le monde; car qui pourrait dire à combien de pauvres il a procuré l'aliment; à combien de malheureux, le vêtement; à combien de malades, le remède; à combien d'incurables, le soulagement ? Qui pourrait compter toutes les démarches qu'il a effectuées pour les habitants de Bondues, et tous les embarras dont il les a retirés, en employant et en usant, pour ainsi dire en leur faveur, son puissant crédit ? Mon dessein a été seulement de recueillir certains faits qui ont signalé particulièrement la longue administration de M. Du Bosquiel, et en cela je n'ai fait que suivre une idée qui m'a été suggérée par quelques amis. J'ai divisé mon petit travail en trois parties : la première contient les diverses installations de M. Du Bosquiel et l'inauguration de la mairie; la seconde renferme les détails de l'inauguration du portrait de M. le Maire, et la troisième ceux de la fête qui a eu lieu dans notre commune le 7 octobre 1850, à l'occasion du retour de notre digne Maire qui, atteint d'une ophthalmie, avait été obligé de séjourner à Herseaux, l'espace de quatre mois, pour y subir un traitement douloureux, mais efficace.

Puisse-t-il agréer mon travail et le considérer comme un faible gage de l'attachement que je lui porte, et de ma reconnaissance pour la confiance dont il n'a cessé de m'honorer !

Dans ce petit ouvrage, le lecteur pourra remarquer certaines répétitions; mais il ne s'en étonnera pas, s'il considère que les discours qu'il contient ont presque toujours pour matière le même objet. Au reste, ces répétitions sont à l'avantage et de l'administrateur et des administrés, puisque, d'une part, elles prouvent que le zèle de M. le Maire, sa sollicitude pour les intérêts de sa commune, sa bienfaisance, son ardent désir de conquérir l'estime et l'affection de ses collègues et de ses concitoyens, ne se sont pas démentis un seul instant durant sa longue administration; et que, d'autre part, elles démontrent la continuité de la reconnaissance et de l'attachement des habitants de Bondues pour leur Maire, qu'ils ont su maintenir à la tête de leur commune à travers toutes les révolutions et tous les orages politiques qui ont éclatés depuis qu'il est en fonctions.

PREMIÈRE PARTIE.

INSTALLATIONS

DE M. DU BOSQUIEL.

INAUGURATION DE LA MAIRIE.

1re INSTALLATION.

M. Albert Du Bosquiel, de Bondues, chevalier de la Légion-d'Honneur, a été nommé Maire de Bondues par l'arrêté de M. le préfet, en date du 17 avril 1824, et a été installé le 20 du même mois.

SESSION DU 9 MAI 1824.

DISCOURS DE M. LE MAIRE.

Messieurs,

En ouvrant pour la première fois la session annuelle du conseil municipal de cette commune, j'éprouve le besoin de vous témoigner combien j'ai été sensible à votre bonne réception, combien je suis satisfait de me trouver au milieu de vous, et d'être Maire d'une commune aussi éminemment recommandable par le bon esprit moral et politique de ses habitants. Avec de la religion et l'amour de sa patrie on ne dévie jamais de la bonne route. C'est celle que vous suivrez, Messieurs, il me suffira de marcher avec vous, et je me plairai ainsi à suivre l'exemple de ma famille, qui a laissé parmi vous le souvenir de sa loyauté. J'en prends l'engagement; toujours, oui, toujours, vous trouverez en moi un bon compatriote, un véritable habitant de Bondues.

SESSION DE MAI 1825.

EXTRAIT DU DISCOURS DE M. LE MAIRE.

Messieurs,

Les autres parties de l'administration communale sont aisées à remplir dans une commune animée d'un aussi bon esprit, et où ceux de ses habitants qui exercent des fonctions secondent si bien celui qui se trouve heureux d'en être le chef.

Un objet, Messieurs, est resté en arrière: celui du précieux bienfait de la vaccine. Je ne puis qu'en recommander le salutaire emploi à tout père de famille à qui la santé et la vie de ses enfants sont chères. Concernant les indigents secourus par le bureau de bienfaisance, je pouvais faire et j'ai fait plus : j'ai recommandé de retirer tout secours à ceux d'entre eux qui se refuseraient à la vaccination de leurs enfants.

Je ne terminerai point sans vous entretenir un instant, Messieurs, de votre zèle soutenu pour la restauration de notre église : non contents de l'amélioration du clocher, vous y avez ajouté celle des cloches, qui, par l'effet de votre générosité, ont été fondues au nombre de trois, et contribuent à la solennité du culte d'une religion qui fait notre bonheur dans la prospérité et notre consolation dans l'infortune; oui, tout habitant de Bondues y a contribué selon ses moyens.

2ᵉ INSTALLATION.

26 décembre 1831.

DISCOURS DE M. LE MAIRE.

Messieurs,

La cérémonie qui nous réunit aujourd'hui est bien intéressante : nous installons comme conseillers municipaux les vingt et une personnes que les bienveillants suffrages de leurs concitoyens ont investi de leur confiance pour régler les intérêts communaux. Leur attente ne sera point trompée : zèle, assiduité, dévouement, se rencontre en eux, et ils l'emploieront au bien général ; à cela aucun doute ne peut s'élever.

Parmi nous, Messieurs, le préfet a dû choisir un Maire : son suffrage est tombé sur moi ; je sens tout ce que ce choix a de flatteur, sans me dissimuler, dans ces temps surtout, la difficulté d'administrer au gré de tout le monde. Toutefois je me rassure en pensant qu'il y a assez longtemps que je suis parmi vous, et à la tête de la commune, pour être connu de mes concitoyens. Je ne changerai point : toujours je m'efforcerai de faire le bien, avec votre aide, Messieurs.

Je serai utilement secondé par M. Auguste Delecourt, que je me félicite d'avoir pour un de mes collaborateurs, et par un d'entre vous, qui sera nommé adjoint à la place de notre respectable doyen, M. François Couvreur, qui n'a pu accepter.

Je ne puis oublier de porter à MM. Tiers et Dervaux l'expression franche et sincère de mes remercîments pour le zèle qu'ils n'ont cessé de montrer pendant tout le temps où ils m'ont secondé dans les fonctions administratives La commune ne peut non plus oublier leurs services. Dans tous les temps je me plairai à les redire.

Messieurs, faire respecter les lois sans rigueur, mais aussi sans faiblesse, rendre justice à tout le monde, aider les malheureux, voilà le besoin de mon cœur. Ma seule ambition est de vivre estimé parmi vous, et quand je ne serai plus, que ma mémoire obtienne de vous, Messieurs, un souvenir et un regret.

3ᵉ INSTALLATION.

8 janvier 1835.

DISCOURS DE M. LE MAIRE.

MESSIEURS ET CHERS COLLÈGUES,

Nous tous élus de nos concitoyens, nous nous trouvons ici réunis pour l'installation du maire et des adjoints de cette commune. Quels qu'aient été ceux d'entre nous que le gouvernement ait désignés pour ces fonctions, toujours est-il vrai qu'elles eussent été remplies par de nos compatriotes entièrement dévoués au service des intérêts publics.

Moi, un des récipiendaires, je puis assurer en mon nom et ceux de mes deux collègues qui vont partager les devoirs de l'administration, que tel est l'esprit qui ne cessera de nous animer dans la direction des affaires communes.

Je compte, Messieurs, sur votre concours, pour nous aider dans nos assemblées, à toutes améliorations désirables et possibles; vous me connaissez assez, et vous savez que vous pouvez compter sur le mien : quand on a été honoré des suffrages de ses concitoyens, c'est un devoir de leur être tout dévoué, et j'ajouterai que c'est le besoin de mon cœur.

Il y a si peu de jours que notre conseil municipal vient d'être reconstitué ! Cependant, telle est l'instabilité des choses de ce monde, que déjà un collègue nous manque. Dans toute corporation et administration, l'usage veut qu'on s'occupe une dernière fois de ceux qui ne sont plus. Ce devoir, Messieurs, je le remplis aujourd'hui avec regret, mais pourtant aussi avec contentement, en vous entretenant de notre défunt collègue, Pierre Dervaux, enlevé au milieu de sa carrière ; il vivait parmi nous : les regrets qui l'ont accompagné dans la tombe ont prouvé qu'il était apprécié par ses concitoyens ; sa mort m'a bien peiné. Certes, vous tous, Messieurs, vous direz avec moi, que nous avons perdu en lui un de nos plus dignes compatriotes Qu'il repose en paix, et que la terre lui soit légère !

Si, dans cette circonstance solennelle, ils m'est permis de dire un mot de moi, eh bien ! privé par les décrets de la divine Providence d'une postérité qui ferait mon bonheur, je n'ai plus que ce séjour qui m'intéresse vivement. Vivre aimé et considéré au milieu de vous, mes chers concitoyens, c'est l'unique bien où j'aspire et que j'ambitionnerai toute ma vie d'obtenir de vos sentiments. Je ferai tout pour le mériter.

4ᵉ INSTALLATION.

26 décembre 1837.

DISCOURS DU CONSEIL MUNICIPAL.

Monsieur le Maire,

Notre espoir n'a pas été trompé : la direction des affaires communales est laissée entre vos mains. Cet événement est une fête pour nous ; il remplit nos vœux, puisqu'il est la sanction d'un choix qui nous est propre; il est une preuve de l'assentiment donné par l'autorité à votre sage administration; il atteste votre supériorité dans la conduite des affaires; enfin, il est l'appréciation des avantages éminents que la commune s'est assurés en vous appelant aux fonctions de Maire, qui vous appartiennent à tant de titres.

Nous vous prions, monsieur le Maire, de vouloir bien agréer l'expression de notre joie, et nous profitons de cette occasion pour vous remercier de tant de soins que vous prenez pour les intérêts communaux, et de tous vos bienfaits à l'égard de vos administrés, notamment du don qui a ouvert la voie à la construction de notre Mairie, et surtout de cette charité qui supplée chaque année à l'insuffisance des crédits ouverts.

C'est pourquoi le conseil municipal, désirant laisser à la postérité un monument de sa gratitude, a émis le vœu que le présent discours soit inscrit au registre de ses délibérations.

DISCOURS DE M. LE MAIRE.

Messieurs,

Les formalités prescrites pour notre intallation sont remplies : j'ai prêté mon serment. Aussi au fond de mon cœur j'en ai prêté un autre, celui de consacrer mon temps à soigner les intérêts généraux de la commune et de mes concitoyens, et les intérêts particuliers où mon concours pourrait être réclamé. Ne m'épargnez pas, Messieurs, toujours je me trouverai heureux de pouvoir vous obliger.

Jusqu'à ce jour, Messieurs, vous m'avez prêté votre concours, je le réclame pour l'avenir; je sais qu'il ne me manquera pas, car jamais je ne vous le demanderais que mû par le sentiment de la justice, qui a toujours été votre guide comme le mien.

Je compte toujours sur l'aide de la jeunesse et du zèle de M. Lecat, sur la vigueur de l'âge et la loyauté de M. Leroux, mes collaborateurs. Avec de tels soutiens je marcherai avec confiance et espoir au seul but, qu'au déclin de ma vie, je puisse ambitionner : celui de conquérir, de mériter et de conserver votre estime.

Je remercie toute la commune et vous, Messieurs, en particulier, de l'accueil cordial que vous m'avez fait aujourd'hui ; j'en conserverai toujours le souvenir ; il a porté la joie dans mon cœur.

Journée du 1er mai 1839.

FÊTE DU ROI.

INAUGURATION DE LA MAIRIE.

Le Maire, les adjoints, les conseillers municipaux, les fonctionnaires attachés à l'administration municipale, les officiers de la garde nationale, les diverses sociétés organisées, principalement celle de musique, se sont trouvés réunis dans le local de l'ancienne maison commune, à neuf heures et demie du matin. Le cortége s'est formé et s'est rendu à l'église, où il a été célébré une messe du Saint-Esprit, suivie du *Te Deum*.

De là, le cortége s'est dirigé vers la nouvelle mairie, qui a immédiatement bénie par les soins de M. le curé de la paroisse (M. Laignel).

Cette cérémonie religieuse terminée, le Maire a fait ouvrir les portes d'entrée pour que les habitants pussent circuler dans l'intérieur des nouvelles constructions.

Alors M. le maire a prononcé le discours suivant :

« Messieurs, compatriotes, chers collègues,

» Un établissement convenable aux divers services de l'administration communale de Bondues manquait : nous sommes enfin parvenus à le créer, et c'est avec l'assentiment général que nous y voici réunis pour la première fois, et, pour ainsi dire, en famille. J'ai trouvé convenable d'en faire l'inauguration le jour de la fête du Roi. C'est la maison de tout le monde ; aussi de ce salon voyons-nous se presser de toute part ceux qui n'ont pu y pénétrer, l'étendue du local ne le permettant point.

» Par les soins de M. le curé, notre hôtel de mairie vient d'être béni ; la religion ayant toujours été la base du caractère des habitants de Bondues, nous nous sommes plû à mettre la propriété commune sous la protection divine.

» Maire, adjoints, conseillers municipaux, appelés par l'honorable choix de nos concitoyens à gérer les affaires communales, ce jour semble nous rappeler encore plus particulièrement combien nous devons y mettre de soins.

» J'ai voulu que nos compatriotes indigents éprouvassent en ce jour quelque joie ; je leur offre quelques distributions. Puissent-ils y voir qu'en toutes occasions nous aimons à ne pas les oublier, à leur faire partager le contentement général.

» Je remercie les diverses sociétés, principalement celle de musique, pour le concours qu'elles ont accordé à cette solennité, dont nous garderons longtemps le souvenir. »

M. Leroux, premier adjoint, a répondu par le discours suivant :

« Monsieur le Maire,

» Au nom de mes honorables collègues et de toute la commune, je vous prie de vouloir bien agréer nos remercîments pour le zèle infatigable que vous ne cessez de montrer pour les intérêts communaux, pour votre générosité envers la commune, et surtout pour les secours que vous ne cessez d'accorder à nos compatriotes indigents.

» Le souvenir de tant de bienfaits, Monsieur le Maire, est profondément gravé dans nos cœurs, et je puis vous assurer que notre reconnaissance ne sera pas moins durable que l'édifice dont nous sommes heureux de faire aujourd'hui l'inauguration. »

Ce discours prononcé, le maire a exprimé avec une vive émotion combien il était sensible à tout ce qui venait de lui être adressé d'obligeant par son digne collègue, en ajoutant que les sentiments de sympathie qu'il portait à ses compatriotes ne changeraient jamais ; que c'était entre eux et lui à la vie et à la mort.

Alors des distributions de pain furent faites aux indigents par ordre de M. le maire. Les conseillers municipaux et les personnes invitées prirent place au banquet qui leur avait été préparé dans le salon de la mairie. Un autre banquet fut offert à la société de musique. D'autres réunions eurent lieu, à divers endroits, dans la commune.

Ainsi a été remplie cette journée, remarquable par le contentement général et la franche gaîté qui respirait partout ; aussi le souvenir en sera-t-il longtemps conservé.

5ᵉ INSTALLATION.

4 octobre 1840.

DISCOURS DU CONSEIL MUNICIPAL.

» Monsieur le Maire,

» Interprètes des sentiments des habitants de Bondues, nous venons vous exprimer la joie que nous procure l'heureux événement qui laisse entre vos mains les rênes de l'administration communale, et qui vient sanctionner de nouveau un choix qui nous est propre, et dont nous sommes fiers.

» La joie, Monsieur le Maire, n'est point le seul motif qui ait déterminé notre démarche ; elle a été en même temps dictée par un devoir sacré : celui de la reconnaissance. Nous venons donc vous remercier de tous vos soins pour les affaires communales, que vous dirigez avec tant de sollicitude, et surtout de votre empressement à soulager nos compatriotes indigents. »

DISCOURS DE M. LE MAIRE.

» Messieurs,

» Les suffrages de nos concitoyens nous donnent aujourd'hui la flatteuse espérance, à mes deux collègues et à moi, que notre conduite dans les affaires publiques a été appréciée ; notre conscience nous dit que justice nous a été rendue. Certes, Messieurs, il n'en est pas moins vrai que dans une commune comme celle-ci, ce serait chose bien facile que de trouver des administrateurs qui montreraient le même zèle que nous ; si donc nous avons été choisis, c'est qu'il fallait bien faire un choix.

» S'il m'était permis de dire un mot de moi, à qui appartient la principale initiative de ce qui doit régler les affaires communales, je vous assurerais, oui, je vous assurerais que je n'ai jamais rien proposé qui ne fût puisé dans la conviction la plus consciencieuse, et que toujours je ferai de même ; si quelques-unes de mes pensées n'ont pas toujours convenu généralement, vous savez, Messieurs, qu'on ne peut plaire à tout le monde. Je prie ici mes deux collègues, sans l'avis desquels je ne prends jamais une décision importante, de m'avertir ; c'est une garantie de plus que je vous donne de mes bonnes intentions. Quant aux affaires qui doivent passer au conseil, la pluralité en décide ; je n'ai, Messieurs, qu'à faire exécuter vos souveraines décisions.

» Mais, Messieurs et chers collègues, que le temps est rapide ! Il me semble qu'il n'y a qu'un instant que nous étions réunis pour la même cérémonie, et il y a déjà trois ans ! Pourquoi donc est-ce ainsi que je juge les jours qui viennent de s'écouler ? Ah ! c'est que lorsqu'on avance en âge, tout se précipite vers une fin. Puissé-je, avec l'aide de Dieu, en parcourant cette période décroissante de mon existence, voir mes moyens se trouver encore en harmonie avec le zèle que je ne puis cesser de mettre dans l'accomplissement de mes devoirs pour le bien général de la commune, y être soutenu par le concours et l'attachement de mes concitoyens ! Ces sentiments envers moi, Messieurs, je les réclame de vous tous, mes chers collègues, et particulièrement de MM. Leroux et Lecat, dont j'ai tant à me louer : en obtenir la continuation serait le contentement du reste de ma vie !

» Maintenant, Messieurs, au milieu de vous tous, de mes amis, j'espère, je jure,.... Mon cœur y ajoute : Et à mes sympathies pour mes concitoyens.

6ᵉ INSTALLATION.

13 août 1843.

DISCOURS DU CONSEIL MUNICIPAL.

« Monsieur le maire,

» Toute la commune de Bonducs a été heureuse d'apprendre qu'elle conserve le chef qu'elle s'est choisi il y a vingt ans avec l'assentiment général de ses habitants, et auquel depuis lors elle n'a cessé d'accorder ses suffrages unanimes, témoin les procès-verbaux d'élections qui l'apprendront à la postérité, témoins aussi les démonstrations spontanées de la joie publique qui a éclaté à chaque renouvellement de votre nomination aux fonctions de maire.

» Le contentement que nous éprouvons aujourd'hui, Monsieur le Maire, n'est pas moins vif ni moins sincère que celui que nous avons manifesté aux occasions précédentes ; et cela, parce que nous apprécions de plus en plus l'avantage de vous voir à la tête des affaires communales ; c'est pour vous donner une preuve de notre assentiment à votre nouvelle nomination que nous marchons aujourd'hui solennellement à votre rencontre, accompagnés des membres des diverses sociétés de la commune. En même temps nous venons vous remercier de votre zèle constant pour nos intérêts communs et du dévouement qui vous fait accepter de nouveau le fardeau des affaires communales. Ce fardeau, puissiez-vous, Monsieur le Maire, le porter longtemps encore ! Pour le bonheur de nos concitoyens, nous en formons le vœu le plus ardent. »

DISCOURS DE M. LE MAIRE.

« Messieurs et chers collègues,

» Depuis vingt ans Maire de cette commune, voici ma sixième installation : commes les précédentes, l'accueil que je reçois de vous et de mes compatriotes me touche infiniment ; veuillez en recevoir ici l'expression de ma gratitude.

» Cette bienveillance de votre part est un grand encouragement pour qu'avec l'aide de mes deux estimables collègues et votre concours, Messieurs, je m'occupe avec zèle des interêts communs.

» Les intérêts dont l'administration doit s'occuper sont de diverses sortes, de présent, d'avenir, de moraux, de matériels ; les uns et les autres doivent être également protégés ; mes antécédents vous sont un sûr garant qu'il en sera ainsi ; soyez sur ce point en pleine sécurité.

» Nous trouvant aujourd'hui réunis, pour ainsi dire, en assemblée de famille, je saisis cette occasion avec empressement pour témoigner, au nom de tous, à notre digne curé la reconnaissance commune pour les soins qu'il ne cesse de prodiguer à ses paroissiens.

» Je termine, messieurs et chers collègues, en réclamant de vous la continuité de votre estime et aussi de votre amitié. »

7ᵉ INSTALLATION.

8 novembre 1846.

DISCOURS DU CONSEIL MUNICIPAL.

« Monsieur le Maire,

» Votre nouvelle nomination aux fonctions de Maire a rempli de joie tous les habitants de Bondues ; c'est pourquoi, chargés de les représenter, en cette occasion solennelle, nous venons, en leur nom, vous témoigner toute la satisfaction que leur a causé cet heureux événement.

» Pour nous, qui avons l'honneur de composer le corps administratif que vous présidez, nous vous prions, en particulier, d'agréer l'expression de notre vive satisfaction.

» Puissiez-vous, Monsieur le Maire, garder longtemps encore la direction des affaires de la commune ! Nous formons ce vœu pour le bonheur des habitants de Bondues qui, tant qu'il plaira à la divine Providence de vous laisser la jouissance de la vie, ne veulent avoir pour maire que M. Du Bosquiel ; aussi sont-ils heureux de voir que 'autorité supérieure ne manque jamais de sanctionner leur choix tératif, qui fut fait pour la première fois il y a près de vingt-deux ans. »

ÉLECTION DU MAIRE.

L'an 1848, le 13 août, les citoyens nouvellement élus membres du conseil municipal, étant réunis à la mairie en vertu de l'autorisation du préfet en date du 7 du même mois, ont procédé à l'élection du maire et des adjoints. M. Albert Du Bosquiel, ayant obtenu l'unanimité des suffrages, a été proclamé de nouveau maire de Bondues.

DISCOURS DE M. LE MAIRE.

« Messieurs,

» Notre réunion d'aujourd'hui a pour but :

» 1° L'installation du conseil municipal ;

» 2° Les nominations des Maire et adjoints.

» Nos fonctions sont terminées, et c'est en qualité de premier conseiller que je vais procéder aux scrutins individuels au nombre de trois.

» En quittant les honorables fonctions que j'ai exercées pendant vingt-cinq ans sans interruption, je me plais à vous déclarer que si pendant ce laps de temps il m'a été donné de pouvoir réaliser quelque bien en faveur de la commune, j'en ai dû l'accomplissement au concours éclairé du conseil ; je prie MM. les conseillers d'en accepter mes remerciements empressés ; mes collègues adjoints, toute la reconnaissance de l'aide qu'ils m'ont prodiguée, sans oublier notre laborieux et intelligent secrétaire. Je désire vivement aussi que tous mes compatriotes soient bien convaincus que je n'éprouvais jamais de plus grand contentement que quand j'étais assez heureux de pouvoir les obliger. En cet instant, j'adresse au ciel les vœux les plus ardents pour la prospérité de Bondues. Quels que soient les élus que vous allez choisir, je réclame pour eux, près de vous, la plus grande confiance. Daus ces temps difficiles, ce n'est qu'avec votre soutien qu'on peut administrer fructueusement. »

8ᵉ INSTALLATION.

27 août 1848.

DISCOURS DU CONSEIL MUNICIPAL.

« MONSIEUR LE MAIRE,

» Quoique la généralité des suffrages des habitants, qui vous a été accordée aux dernières élections municipales, puis l'unanimité de ceux des conseillers municipaux, lors de votre récente réintégration dans les fonctions de maire, aient déjà suffisamment prouvé que toute la commune de Bondues vous est sincèrement attachée, et qu'elle ne veut que M. Du Bosquiel pour maire, nous n'avons pu néanmoins nous empêcher de nous rendre près de vous, pour vous en donner la preuve d'une manière plus solennelle encore. Oui, Monsieur le Maire, toute la commune de Bondues, dont nous avons l'honneur d'être les représentants, forme le vœu le plus sincère que vous portiez les rênes de son administration jusqu'au moment suprême où Dieu vous appellera à lui. Jamais, quant à elle, elle ne les retirera de vos mains bienfaisantes. Puissent celles-ci ne jamais les dédaigner!

» Nous vous prions en même temps, Monsieur le Maire, de croire que notre démarche près de vous a aussi pour but notre reconnaissance pour votre constante sollicitude, pour les intérêts de la commune et pour les services de tout genre que vous ne cessez de lui rendre. »

DISCOURS DE M. LE MAIRE.

« Mes chers compatriotes,

» L'unanimité des sentiments de concorde et de bienveillance qui éclatent en ce jour, au milieu de nous, est bien doux à mon cœur.

» En me maintenant par vos votes libres à la tête de l'administration municipale, que je préside comme maire depuis un quart de siècle et sans interruption, vous m'avez prouvé que vous m'aviez approuvé et su apprécier mon dévouement pour le bien général et ma sollicitude pour vos personnes.

» Mes chers concitoyens, cette règle de conduite je ne la changerai point, elle sera toujours la mienne ; tant que la Providence prolongera ma vie en me donnant les moyens d'agir, Bondues reconnaîtra toujours en moi un véritable ami, bien secondé par mes deux honorables collègues adjoints. »

DEUXIÈME PARTIE.

DISCOURS

ET

DÉTAILS RELATIFS A L'EXÉCUTION

ET A L'INAUGURATION DU PORTRAIT

DE

M. ALBERT DU BOSQUIEL,

MAIRE DE BONDUES.

Les habitants de Bondues, voulant donner une marque de leur reconnaissance à M. Albert Du Bosquiel, qui, depuis vingt ans, administre cette commune avec un zèle et un dévouement sans bornes, ont ouvert une souscription volontaire, dont le produit a servi à faire exécuter le portrait de ce zélé magistrat, pour être placé à perpétuité dans le salon de la mairie. Plus de 900 habitants ont pris part à cette souscription.

Une députation nombreuse, composée de notables de la commune, s'est rendue le 2 septembre 1844, près de M. Du Bosquiel, pour l'informer de cet acte de reconnaissance.

Le discours suivant lui a été adressé par M. Lecat, premier adjoint :

« Monsieur le Maire,

» Les habitants de Bondues veulent remplir aujourd'hui envers vous un devoir sacré : celui de la reconnaissance. Ils ont trop apprécié l'importance des services que vous leur rendez depuis vingt ans que vous dirigez leurs affaires communes, pour ne pas vous en témoigner solennellement toute leur gratitude. C'est dans ce but que vient d'être entreprise une œuvre à laquelle ils ont pris part avec empressement et avec les marques de la plus complète adhésion

» Ils désireraient pouvoir vous posséder toujours, Monsieur le Maire, mais former des vœux pour que la Providence vous laisse encore longtemps au milieu d'eux, étant tout ce qu'ils peuvent faire, parce que rien n'est immortel ici bas, ils désirent au moins toujours garder, et même laisser à la postérité un souvenir de vous, qui rappelle sans cesse vos traits, et qui redise à jamais votre dévouement sans bornes aux intérêts communaux, votre générosité et votre empressement à soulager toute espèce de misère, surtout votre bon cœur et votre esprit de paix et de conciliation, en un mot tout le bien que vous aurez fait dans votre longue carrière administrative. Pour se procurer un tel souvenir, ils ont recouru à une souscription volontaire dont le produit est destiné à l'exécution de votre portrait, qui devra vous représenter en pied et être placé à perpétuité dans le salon de leur mairie, comme un monument éternel de leur reconnaissance pour tous vos bienfaits.

» C'est pour vous informer d'une telle œuvre, Monsieur le Maire, que nous sommes députés aujourd'hui vers vous ; c'est en même temps pour vous prier d'accéder au désir qui vient de vous être exprimé. »

M. le Maire a répondu :

« Si depuis vingt années que j'ai l'honneur d'être votre maire, j'ai été assez heureux pour administrer avec l'assentiment général, je le dois à la vérité à mon zèle pour les intérêts communaux, mais aussi au concours de mes divers administrateurs, au bon esprit de mes conseillers municipaux et à celui de mes compatriotes, où dominent les sentiments moraux et religieux. J'ai toujours cherché que ma conduite administrative fût basée sur l'exécution des lois, toutefois avec les formes de la bienveillance, de l'impartialité et de la conciliation. La démarche si honorable que vous faites aujourd'hui près de moi, m'est bien précieuse et est la plus digne récompense que vos suffrages pouvaient m'accorder ; elle m'oblige, Messieurs, à vous assurer que je ne changerai jamais de conduite. Oui, Messieurs, c'est avec une vive émotion que je vous remercie de vos sentiments envers moi.

» Privé d'une famille par les décrets de la Providence, je puis au moins me dire et espérer avoir un ami dans chacun de mes compatriotes ; c'est donc encore au milieu de vous que je puis trouver le bonheur pour le peu d'années que le ciel peut encore m'accorder.

» Permettez-moi de vous dire que j'ai près de moi une digne compagne qui me soutient et me stimule dans tout ce que je puis faire pour le bien général.

» Si mon portrait est ressemblant, son regard dira que tous mes compatriotes doivent y rencontrer un ami. »

L'émotion a été grande, des larmes d'attendrissement coulaient des yeux de presque tous les assistants, et plusieurs fois M. le maire a été forcé de s'arrêter au milieu de son discours.

Les journaux ont annoncé que, par un sentiment de reconnaissance, les habitants de Bondues ont spontanément formé le projet de faire exécuter le portrait de M. Du Bosquiel, maire de cette commune, pour être placé à perpétuité dans le salon de la mairie. Ce portrait, dont l'exécution est due à M. Souchon, directeur de l'académie de peinture, à Lille, est heureusement terminé, et a été inauguré le dimanche 8 juin 1845, en présence du corps municipal, des diverses sociétés de la commune et d'un grand nombre de dames et de personnes de distinction, qui se sont fait un vrai plaisir d'assister à cette cérémonie, dont le jour était depuis longtemps vivement désiré.

Dans la matinée, de l'argent et des comestibles ont été distribués en grande quantité aux indigents et à toutes les personnes peu aisées qui se sont présentées.

Vers trois heures de l'après-midi, une brillante cavalcade, composée de soixante cavaliers, a été recevoir M. le Maire au faubourg de Lille et l'a escorté jusqu'à la mairie. Toutes les sociétés, suivies du corps municipal et d'un grand nombre d'habitants, se sont aussi avancées à sa rencontre jusqu'à une distance d'un demi-kilomètre.

Dès que le cortége fut rentré à la mairie, M. Lecat, premier adjoint, adressa à M. le maire le discours suivant :

« Vers la fin de l'année dernière, les habitants de Bondues, voulant témoigner toute leur reconnaissance pour les services nombreux et importants que vous ne cessez de leur rendre depuis vingt-et-un ans que vous êtes à leur administration communale, et désirant conserver et transmettre à la postérité un souvenir qui rappelle vos traits et redise à jamais vos précieuses qualités et vos inappréciables bienfaits, sont venus vous informer du projet qu'ils avaient spontanément conçu de faire exécuter votre portrait pour être placé à perpétuité dans le salon de leur mairie, comme un monument éternel de leur reconnaissance.

» Heureux d'avoir obtenu votre assentiment à ce projet, ils en ont aussitôt confié l'exécution à un habile artiste, qui vient enfin de l'achever.

» C'est pour vous offrir ce faible gage de gratitude de leur part que nous nous rendons aujourd'hui près de vous, Monsieur le Maire; nou vous prions donc, en leur nom, de vouloir bien l'agréer.

» Interprète de leurs sentiments dans la circonstance solennelle qui nous réunit ici, je puis vous assurer, Monsieur le Maire, que c'est avec la plus vive satisfaction qu'ils accomplissent aujourd'hui un acte auquel ils se sont tous empressés de prendre part, et qui devra resserrer encore les liens déjà si forts qui les attachent à leur Maire. Aussi ce jour est-il pour eux un jour de fête dont le souvenir restera longtemps gravé dans leurs cœurs. »

M. le Maire a répondu :

Messieurs et chers Compatriotes,

» La preuve de sympathie et d'attachement que vous avez manifestée en ma faveur en faisant exécuter mon portrait pour être placé à perpétuité dans le salon de la Mairie, a vivement touché mon cœur !

» Pouvais-je ne pas être reconnaissant de cette marque de votre estime et de tout ce que vous venez de m'adresser d'obligeant, si bien exprimé par l'organe de M. Lecat, mon collaborateur et ami.

» Veuillez, Messieurs, agréer l'expression de toute ma gratitude.

» Tel vous m'avez connu depuis vingt-et-un ans accomplis que j'ai l'honneur d'être votre maire, tel vous me verrez tant que vos bienveillants suffrages et la confiance du gouvernement me maintiendront à la tête de l'administration communale.

» Je ne puis cesser de lui porter l'intérêt le plus constant.

» Si la divine Providence exauce mes vœux, elle m'accordera quelques années de vie encore pour les écouler parmi vous. Mes chers compatriotes, vous savoir heureux sera un bonheur pour moi, surtout en vous voyant continuer à me regarder comme un ami et comme un père. »

Ces discours prononcés, M. le maire distribua des médailles commémoratives aux chefs des diverses sociétés et à quelques personnes ; puis Mme Du Bosquiel remit à chaque société des prix en argent, consistant en couverts, cuillers à café, etc.

Pendant ces distributions, la société de musique exécutait des morceaux d'harmonie sur une jolie estrade dressée à cet effet sur la place.

Après la cérémonie, le salon de la mairie demeura ouvert au public le reste de la journée. On évalue à plus de 6,000 le nombre des personnes qui vinrent voir le portrait.

Jamais cérémonie n'avait attiré à Bondues autant d'étrangers.

TROISIÈME PARTIE.

FÊTE

A L'OCCASION DU RETOUR

DE

M. ALBERT DU BOSQUIEL,

MAIRE DE BONDUES.

—→→→⦾←←←—

PROGRAMME.

COMMUNE DE BONDUES.

Nous adjoint au maire de la commune de Bondues,

Après nous être concerté avec le conseil municipal de cette commune,

Avons arrêté, comme suit, le programme de la fête qui aura lieu le lundi 7 octobre prochain, à l'occasion du retour de M. Albert Du Bosquiel, maire de cette commune.

Art. 1ᵉʳ. M. Du Bosquiel, qui a fixé son retour au lundi 7 octobre prochain, et sa rentrée à Bondues à trois heures et demie du soir, sera reçu solennellement par le conseil municipal, les membres du bureau de bienfaisance et les diverses compagnies d'arbalétriers, d'archers et de joueurs de boule, qui se réuniront sur la place à deux heures trois quarts, seront formés en cortége, et iront au-devant de M. le maire, de manière à le rencontrer à trois heures et demie précises, vis-à-vis du cabaret sous l'enseigne du *Cabu*, point de réunion.

Art. 2. Les susdites compagnies devront assister au cortége avec leurs drapeaux et leurs tambours, et devront être conduites par leurs chefs, revêtus de leurs insignes.

Art. 3. Tous les habitants sont invités à suivre le cortége.

Art. 4. Un arc-de-triomphe sera dressé à l'entrée du pavé dit de Linselles, en face de la route nationale Nº 17.

Art. 5. Tout embellissement sur le passage de M. le maire sera vu avec un grand plaisir par l'administration municipale.

Art. 6. L'arrivée de M. le maire sera annoncée par la sonnerie des cloches.

Art. 7. Une députation du conseil municipal, la société de musique de Bondues et une première cavalcade se réuniront sur la place, à six heures du matin, et se transporteront à Herseaux, près de M. Du Bosquiel, pour le ramener, conjointement avec la musique d'Herseaux, qui s'est offerte à le suivre jusqu'à Bondues.

Art. 8. Une deuxième cavalcade se réunira sur la place, à deux heures après-midi, et se portera au-devant de M. le maire, en se dirigeant vers Marcq-en-Barœul.

Art. 9. A la rencontre de M. le maire, M. Lebrun, adjoint, lui adressera un discours au nom des habitants de Bondues, puis l'assemblée le conduira d'abord à l'église pour remercier le ciel de l'avoir mis à même de se retrouver au milieu de ses administrés ; ensuite à la mairie, vis-à-vis de laquelle sera construite une jolie estrade où MM. les musiciens de Bondues et d'Herseaux exécuteront séparément des morceaux d'harmonie.

Art. 10. A la chûte du jour, la mairie et ladite estrade seront illuminées.

Art. 11. Les habitants sont invités à illuminer aussi la façade de leurs habitations.

Art. 12. Un banquet sera offert à M. Du Bosquiel dans le salon de la mairie.

Fait à la mairie de Bondues, le 24 septembre 1850.

L'adjoint de Bondues,

Signé : LEBRUN.

Le journal *La Liberté*, du 29 septembre 1850 contenait l'article suivant à propos de ladite fête :

« Les mauvaises doctrines ont beau faire, elles ne parviendront jamais, il faut l'espérer, à étouffer les bons sentiments de nos populations. On peut faire hardiment cette consolante prédiction en voyant la touchante unanimité de reconnaissance que manifeste en ce moment la commune de Bondues envers un de ses bienfaiteurs, cette commune (de fâcheux débats nous l'ont révélé jadis) était, comme bien d'autres, divisée d'opinion. Aujourd'hui toute discorde a cessé ; la plus parfaite entente règne entre ses habitants sans distinction de parti, car il s'agit de fêter l'honorable M. Du Bosquiel, qui, on se le rappelle, a doté Bondues, dont il est maire depuis trente ans, avec une munificence toute princière.

» Une fête vient donc d'être organisée par la mairie de Bondues ; elle aura lieu le 7 octobre, jour fixé pour le retour de M. Du Bosquiel, qui revient de voyage.

» De grandes affiches sont apposées comme si la fête était donnée par une ville. On s'aperçoit à la composition du programme, rédigé d'ailleurs avec cette franchise villageoise que l'on retrouve si volontiers, que le conseil municipal de Bondues s'est surpassé, afin d'organiser une manifestation qui fût en harmonie avec les sentiments de gratitude de la commune entière pour son généreux maire.

« Une réception quasi-présidentielle est proposée à M. du Bosquiel : toute la population de Bondues doit se rendre en cortége à sa rencontre, au son des cloches et des musiques. Enfin, une cavalcade, des jeux, des illuminations termineront cette journée, qui amènera certainement dans l'heureuse commune, des villages voisins et de Lille même, une foule de curieux. »

On lisait l'article suivant dans le journal *Flandre et Artois* du même jour :

« La commune de Bondues, qui a reçu tant et de si grands bienfaits de la part de son vénérable maire, M. Albert Du Bosquiel, a été vivement peinée d'une affliction qui vient de l'atteindre, et pour adoucir cette amertume par les témoignages unanimes de l'amour qu'elle lui porte, elle a résolu de célébrer son retour par une fête qui fera époque dans le canton. Les dispositions suivantes ont été publiées et affichées ; elles sont autant à l'éloge des administrés que de l'administrateur qui en est l'objet, et qui est pour eux comme un père. Heureuses les rares localités où de tels sentiments se produisent avec autant de vivacité. On peut être assuré que le bien y est naturel et facile, et le mal, sinon impossible, au moins tout-à-fait exceptionnel. » ARNOLD.

Ce journal rapportait ensuite le programme de la fête.

Le numéro du 11 octobre 1850, du même journal, donnait les détails de ladite fête de la manière suivante :

« Nous avons parlé de la générosité de M. Du Bosquiel, de Bondues, en faveur de cette commune, qu'il administre depuis tant d'années, et avec une assiduité qui devrait servir d'exemple à beaucoup de maires qui n'en ont que le nom. Nous avons parlé aussi de son état extrêmement souffrant, du long traitement auquel il a été obligé de se soumettre, et de la fête préparée par les habitants, justement reconnaissants, de Bondues, pour célébrer son retour dans cette commune.

» Cette fête a eu lieu lundi dernier, 7 octobre, conformément au programme que nous avons publié. Les détails les plus circonstanciés nous ont été donnés et nous allons les reproduire, nous nous faisons un devoir de ne rien changer à la lettre qui les contient :

» A six heures du matin, une députation du conseil municipal, la société de musique de Bondues et une cavalcade, composée de 17 cavaliers, se rendirent à Herseaux, près de M. Du Bosquiel, et le ramenèrent, accompagné de M. le bourguemestre d'Herseaux, de M. Nicolaï et de la société de musique de cette dernière commune. Arrivés à Roubaix, les deux musiques mirent pied à terre, et, escortées des cavaliers et suivies de six voitures et de celle de M. Du Bosquiel, elles exécutèrent, avec la permission des autorités, des morceaux d'harmonie, à travers cette ville, au milieu d'une foule de spectateurs : c'était une marche vraiment triomphale.

» Vers deux heures après-midi, une deuxième cavalcade, beaucoup plus nombreuse que la première, se transporta au-devant de M. Du Bosquiel, le rencontra à Mouveaux et s'adjoignit aux autres cavaliers.

» Lorsque M. Du Bosquiel fut arrivé avec sa suite sur le territoire de Bondues, des ouvriers détachèrent les chevaux de sa voiture, et aussitôt une centaine d'autres, se formant en deux longues chaînes, traînèrent sa voiture jusqu'au *Cabu*, malgré son refus et sa vive résistance. A sa rencontre, M. Destombe, l'un des adjoints, lui adressa, au nom des habitants et au milieu d'une pluie de fleurs lancées des croisées, le discours suivant :

« Monsieur le Maire,

» Pendant votre long séjour à Herseaux, où vous avez dû vous
» fixer pour un traitement fort pénible, les habitants de Bondues
» n'ont cessé de vous porter le plus vif intérêt, tant ceux qui n'ont
» pu se rendre près de vous pour s'informer de votre position que
» ceux qui ont effectué cette démarche. Tous, Monsieur le Maire,
» ont pris part à vos longues et vives souffrances, et tous ont formé
» les vœux les plus ardents pour votre guérison.

» Aujourd'hui que leurs vœux sont à peu près remplis, puisque
» la grande amélioration de votre santé vous permet de revenir au
» milieu d'eux, leur tristesse est convertie en joie. A peine ont-ils
» appris la nouvelle de votre retour à Bondues, qu'ils ont voulu
» se porter à votre rencontre pour vous témoigner leur vive satis-
» faction, en vous priant de considérer leur démarche comme un
» bien faible gage de leur reconnaissance pour le don inappréciable
» d'un hospice que vous et votre digne épouse venez de leur faire,
» et qui vous a fait proclamer à jamais les bienfaiteurs de la com-
» mune de Bondues, ainsi que l'atteste la délibération du conseil
» municipal en date du 4 août dernier.

» Déjà, Monsieur le Maire, les habitants de Bondues, reconnais-
» sants des services nombreux que vous leur aviez précédemment
» rendus, avaient fait graver ce titre, qui vous est si bien dû, au
» bas du portrait qu'ils vous ont offert en 1845, et qui est précieu-
» sement conservé dans le salon de leur mairie, comme un monu-
» ment éternel de leur gratitude ; aujourd'hui ils s'estiment heu-
» reux de trouver l'occasion de vous décerner ce même titre d'une

» manière publique et solennelle. Oui, Monsieur le Maire, les habi-
» tants de Bondues vous proclament à jamais, vous et Madame Du
» Bosquiel, LES BIENFAITEURS de leur commune.

» Un autre motif de joie pour eux, Monsieur le Maire, c'est que
» vous puissiez reprendre les rênes de leur administration commu-
» nale, que vous avez dû momentanément quitter, et que nous
» venons remettre dans vos mains, où nous formons tous le vœu
» qu'elles restent tant qu'il plaira à Dieu de vous laisser l'existence.
» Puissiez-vous les garder longtemps encore ! »

« Ce discours prononcé, l'assemblée conduisit M. le maire à l'église pour remercier le ciel de l'avoir mis à même de retourner au milieu de ses administrés.

» Des milliers de curieux étaient accourus de toutes parts, aussi le trajet se fit avec les plus pénibles efforts, tant la foule était nombreuse et compacte. Précédé des musiques, le cortége traversa les rues magnifiquement décorées, entre deux haies de verdure et au son des cloches.

» De l'église, M. le maire fut conduit à la mairie, où il prit place au modeste banquet qui lui avait été offert. Tout s'y passa avec dignité. La joie la plus vive respirait sur toutes les figures.

» Pendant ce banquet, les sociétés de musique ont joué tour-à-tour des morceaux d'harmonie, sur l'estrade élevée sur la place, sous les croisées de la mairie. A la chute du jour, la mairie, ladite estrade et presque toutes les maisons ont été illuminées. Au fronton de la mairie se trouvait un joli transparent, où l'on remarquait les armes de M. Du Bosquiel et les mots suivants : « A M. et à Mme Du Bosquiel, Bondues reconnaissant. » .

» Afin que les indigents pussent prendre part à la joie générale, on avait distribué à chaque famille pauvre un pain, deux kilogrammes de viande et un franc en argent.

» Un acte de bienfaisance envers les indigents devait nécessairement faire partie d'une fête dont un grand acte de bienfaisance était une des principales causes. Cette union constante du riche et du pauvre est essentiellement conforme à l'esprit et aux prescriptions de notre religion, dont la charité est une des plus fortes colonnes.

» La charité est le lien intime des hommes entre eux, bien plus encore que la bienfaisance, qui ne peut jamais s'entendre d'une active réciprocité, tandis que la charité s'étend aux actes de secours de toutes sortes que le pauvre peut donner au riche, comme il peut les recevoir de lui. Voilà donc la véritable fraternité, c'est-à-dire l'attachement réciproque.

» Tel est le sentiment qui règne dans l'heureuse commune de Bondues : il n'y a pas un seul habitant qui ne fût dévoué à aider et secourir le digne maire qui a donné à chacun d'eux, et à tous ensemble, les marques constantes d'un dévouement éclairé. »

V. DE CARRIÈRE.

TOASTS PORTÉS PENDANT LE BANQUET.

1° Par M. Lebrun, adjoint :

« A M. et à Mme Du Bosquiel, bienfaiteurs de la commune de
» Bondues.

» La joie que les habitants manifestent aujourd'hui à M. le maire,
» prouve combien est grand l'attachement qu'ils lui portent, et cette
» démonstration est un sûr garant de la sincérité des vœux qu'ils

» forment pour son rétablissement complet et celui de Mme Du Bos-
» quiel, sa digne épouse. Puissons-nous les conserver bien long-
» temps encore ! »

2° Par M. Destombe, adjoint :

« A M. le bourguemestre d'Herseaux, qui durant le séjour de
» M. Du Bosquiel dans sa commune, n'a cessé de l'entourer de tous
» les égards et de tous les honneurs possibles.

» Interprète des sentiments des habitants de Bondues, toujours si
» sensibles à tout ce qui peut intéresser leur bien-aimé maire, je
» prie M. le bourguemestre d'agréer l'expression de leur gratitude.
» La circonstance qui nous rassemble ici, Messieurs, a cimenté pour
» toujours l'union qui existait déjà entre Herseaux et Bondues. Oui,
» ces deux communes resteront à jamais unies. »

3° Par M. Lecat, qui s'exprima ainsi :

« A moi aussi, on a bien voulu confier l'honorable mission de
» porter un toast, mission que j'ai acceptée avec bonheur, car il
» s'agit de porter une santé à une personne bien chère aux habitants
» de Bondues : A notre vénérable pasteur ! »

4° Par M. Lambelin père :

« En ce jour solennel, je suis heureux de trouver l'occasion de
» porter un toast à M. Nicolaï, dont les soins ont été si salutaires à
» M. Du Bosquiel, notre digne maire et notre bienfaiteur ! »

5° Par M. Colpart, architecte de Lille :

« Aux habitants de Bondues, qui depuis 26 ans et malgré les
» orages politiques, ont su conserver leur digne et honorable maire. »

Parmi les décorations de la salle du banquet on remarquait le plan du futur hospice dressé par M. Colpart, ainsi que l'inscription suivante :

1° Honneur à M. Du Bosquiel, qui, depuis 26 ans, administre Bondues avec un zèle et un dévouement sans bornes, et qui a toujours été pour ses administrés un ami et un père !

2° 8 juin 1845.

INAUGURATION DU PORTRAIT DE M. DU BOSQUIEL, DE BONDUES.

Déjà alors Bondues avait su appprécier l'importance des services et des bienfaits de son maire ; aussi plus de neuf cents habitants ont-ils voulu souscrire pour prendre part à l'érection de ce monument de leur éternelle reconnaissance.

3° 4 août 1850.

DON D'UN HOSPICE FAIT A LA COMMUNE DE BONDUES
PAR M. ET Mme DU BOSQUIEL.

Le conseil reconnaissant a voté à l'unanimité des remercîments à M. et à Mme Du Bosquiel, et les a proclamés à jamais les bienfaiteurs de la commune de Bondues.

4°
        La joie la plus sincère
        Eclate en ce beau jour :
        Notre bien-aimé maire
        Est enfin de retour.

Ces inscriptions surmontaient aussi l'arc de triomphe et les autres objets d'embellissement qui ont été dressés avec goût et talent, sur le passage de M. le Maire, par M. Duhamel, de Tourcoing.

DISCOURS ADRESSÉS A M. DU BOSQUIEL LE JOUR DE SON RETOUR.

Lorsque la députation du conseil municipal fut arrivée à Herseaux, elle adressa à M. Du Bosquiel le discours suivant, par l'organe de M. Lebrun :

« Monsieur le Maire,

» C'est avec la plus vive joie que nous venons remplir la mission dont nous avons été chargés par le conseil municipal de Bondues, qui, sachant que vous devez effectuer aujourd'hui votre retour, nous a députés près de vous pour avoir l'honneur de vous ramener au milieu de vos administrés. Tous, Monsieur le Maire, vous attendent avec la plus vive impatience; votre retour sera pour eux une véritable fête, tant sera grand le contentement qu'ils éprouveront de vous revoir, après une trop longue et trop dure séparation! »

DISCOURS DE MM. LES MEMBRES DU BUREAU DE BIENFAISANCE.

« Monsieur le Maire,

» Nous ne pouvons nous empêcher de vous exprimer d'une manière particulière la vive joie que nous avons ressentie en apprenant l'heureuse nouvelle de votre retour près de nous, et nous ne saurions trop vous féliciter, vous et Mme Du Bosquiel, votre digne épouse, du don si important d'un hospice que vous venez de faire à la commune de Bondues. Assurément, Monsieur le Maire, vous n'eussiez pu recourir à un moyen plus efficace pour secourir la classe indigente ; aussi est-ce avec un bien grand empressement que nous venons vous prier d'agréer nos remercîments sincères et ceux des pauvres de Bondues, des sentiments desquels nous sommes ici les interprètes, et qui, nous en sommes certains, vous en auront une éternelle reconnaissance. »

DISCOURS ADRESSÉ A M. LE MAIRE PAR M. LAMBELIN FILS AÎNÉ,

au nom de la Société de musique de Bondues.

« Monsieur le Maire,

» La société de musique de Bondues éprouve un plaisir tellement vif de votre guérison, qu'elle n'a pu s'empêcher de venir jusqu'ici pour vous le témoigner. Elle vous prie de considérer cette démarche de sa part comme la preuve de son sincère dévouement et comme un remercîment pour la protection que vous lui avez toujours accordée. »

DISCOURS DE M. GILBERT-LAMBELIN,

chef de la première cavalcade.

« Monsieur le Maire,

» Les jeunes gens de Bondues se sont empressés de former une cavalcade pour vous témoigner la satisfaction qu'ils éprouvent de votre guérison, et pour vous reconduire à Bondues, où vous êtes attendu avec impatience par tous les habitants. »

DISCOURS DE M. ROUSSELLE-DERAIN,

chef de la deuxième cavalcade.

« Monsieur le Maire,

» Vous trouverez toute la commune de Bondues dans la joie à cause de votre retour : tous les habitants vous attendent avec impatience, et ils vous reverront avec le plus vif plaisir. Pour nous, nous n'avons pu nous empêcher de nous rendre au-devant de vous, pour vous manifester nos propres sentiments et ceux de nos concitoyens, dont nous vous prions de vouloir bien agréer l'expression. »

LETTRE DE M. A. D. ADRESSÉE A M. DU BOSQUIEL,

sous la date du 10 octobre 1850.

« Monsieur le Maire,

» Je viens de lire avec un indicible plaisir les détails de la fête pompeuse et grandiose du 7 octobre courant. Ah! combien j'ai regretté de n'avoir pu être l'heureux témoin d'un spectacle si beau, si attendrissant et si émouvant! Qu'il était beau, en effet, de voir la populeuse commune de Bondues s'élever comme un seul homme et se porter avec enthousiasme au-devant de celui qu'elle désirait tant revoir et qu'à tant de titres elle aimera et vénérera toujours!

» Qu'il était beau de voir cette multitude compacte, ivre de joie, de reconnaissance et d'amour, conduire en triomphe son généreux bienfaiteur, au milieu de mille étrangers accourus de toutes parts pour partager sa joie et applaudir à ses éloquentes démonstrations!

» Qu'il est beau d'avoir su conquérir si noblement tant de cœurs, et de se les tenir inviolablement attachés par des liens si doux et si forts!

» Mais enfin qu'il est consolant pour les habitants de Bondues, et qu'il sera doux à votre cœur si éminemment chrétien de penser que désormais un asile spacieux sera ouvert à toutes les infortunes ; que là le pauvre, le malade et l'infirme sont assurés de trouver le remède qui soulage, le pain qui nourrit et le vêtement qui réchauffe!

» Ah! qu'il plaise à la divine Providence de vous conserver longtemps encore au milieu de ce bon peuple, qui apprécie si bien vos bienfaits, qui se montre si reconnaissant, qui vous entourera toujours d'une profonde vénération, et fait pour votre bonheur les vœux les plus ardents!

» Ces beaux sentiments, naguère si hautement exprimés, sont aussi et seront à jamais gravés dans notre cœur.

» Je viens prier Monsieur et Madame Du Bosquiel d'en agréer le sincère et respectueux hommage. »

Article que contenait le journal *La Liberté* du 14 octobre 1850 :

« La fête que les habitants de Bondues avaient organisée pour le retour de M. Du Bosquiel, leur digne maire, a été célébrée avec toute la pompe annoncée par le programme

» Ce n'est pas seulement le magistrat dévoué, qui pendant plus de trente-cinq ans, a, malgré les secousses politiques, administré leur commune avec une sollicitude qui ne s'est jamais démentie, que les habitants de Bondues ont voulu honorer en cette circonstance, mais c'est encore et surtout le bienfaiteur dont l'ingénieuse charité est venue au secours des infirmes, des malades et même des vieillards encore valides de la localité.

» Un don de 70 ares de terre et d'une somme de 100,000 francs destinée à compléter les fonds nécessaires à la construction d'un hospice, et de trente lits pour les vieillards et les infirmes des deux sexes, ainsi que d'une salle affectée au traitement gratuit des malades pauvres : voilà, il faut en convenir, un magnifique cadeau qui n'a pu qu'augmenter la gratitude de Bondues pour M. Du Bosquiel, qui avait donné déjà à sa commune tant de marques d'un vif intérêt.

» Tous les gens de cœur applaudiront à la touchante reconnaissance témoignée par les braves campagnards à M. Du Bosquiel, et certes cette approbation les vengera surabondamment de certains brocards prétentieux que leur modeste fête a pu suggérer à des esprits chagrins.

» L'unanimité, du reste, a été le plus beau caractère de l'ovation faite à M. Du Bosquiel. Toute cette populeuse commune s'était transportée aux limites de son territoire au-devant de son maire, qu'accompagnait M. le bourguemestre d'Herseaux (Belgique), lequel avait voulu, avec la musique de ce bourg, ramener le magistrat français dans son domicile.

» M. Lebrun, adjoint, a rappelé en quelques mots simples et vrais les avantages précieux dont la commune de Bondues était redevable à la famille de M. Du Bosquiel. Le cortége, suivi des habitants en masse, s'est rendu ensuite à l'église, et de là à la mairie, où un banquet avait été préparé. Parmi les décorations de la salle du banquet, on remarquait avec intérêt le plan détaillé du futur hospice, dressé par M. Colpaert, architecte de Lille, plan que les connaisseurs trouvent très-heureusement combiné.

» Ce repas de famille s'est continué au milieu d'une vive et franche cordialité, pendant que d'autres banquets, organisés par souscription, et dans lesquels les nécessiteux n'avaient pas été oubliés, avaient lieu dans d'autres locaux.

» Tous les autres détails de la fête ont été exécutés avec cette entente cordiale qui en double l'attrait. N'oublions pas de mentionner, en terminant, une distribution de viande et d'une somme d'un franc par tête aux indigents de cette heureuse commune. »

V. Berchaud.

Je termine par une copie de la pétition que les habitants de Bondues viennent d'adresser à M. le président de la République, dans le but de faire obtenir à M. Du Bosquiel le titre d'officier de la Légion-d'Honneur :

A M. LE PRÉSIDENT DE LA RÉPUBLIQUE FRANÇAISE.

Monsieur le Président,

Nous soussignés, tous habitants de la commune de Bondues, arrondissement de Lille, département du Nord, avons respectueusement l'honneur de vous exposer que M. Albert-Joseph Du Bosquiel, de Bondues, chevalier de la Légion-d'Honneur, chef de bataillon des grenadiers d'élite formés à Lille lors de l'invasion du territoire français par l'étranger pour servir à la défense du territoire, chef d'escadron de la garde d'honneur à cheval de Sa Majesté l'empereur en 1809 et années suivantes, chef d'une des légions de la garde nationale de Lille, membre du conseil municipal de la même ville pendant dix-huit ans, maire de la commune de Bondues, sans interruption aucune, depuis le 17 avril 1824, par conséquent, dans sa vingt-septième année d'exercice,

A toujours rempli ses fonctions de maire avec le plus grand zèle, une sollicitude et un dévouement sans bornes, rendant à ses administrés tous les services possibles, exerçant à leur égard toute espèce d'actes de bienfaisance et de générosité.

En 1845, tous les habitants de Bondues, pour gage de leur reconnaissance, lui ont offert son portrait en pied, qu'ils avaient fait exécuter soigneusement par un artiste distingué, M. Souchon, directeur de l'académie de Lille, au moyen d'une souscription à laquelle plus de 900 habitants ont pris part.

Notre digne maire, M. Du Bosquiel, de Bondues, n'a point borné là ses bienfaits, et, conjointement avec sa digne épouse, il vient de doter notre commune d'un hospice évalué 100,000 francs.

Dans l'impossibilité de récompenser tant et de si grands services, nous sommes heureux, Monsieur le Président, de pouvoir vous les signaler, en vous priant instamment d'accorder à notre maire, si zélé et si généreux, en récompense de sa longue et bienfaisante administration, le titre d'officier de la Légion-d'Honneur, dont il est déjà chevalier depuis trente-six ans.

En vous adressant cette demande, Monsieur le Président, nous croyons remplir un devoir de justice et de reconnaissance.

Dans l'espoir que vous daignerez vous rendre à nos vœux,

Nous sommes avec le plus profond respect,

Monsieur le Président,

Vos très obéissants et dévoués serviteurs,

(*Suivent les signatures.*)

Bondues, le 22 octobre 1850.

NOMS DES SOUSCRIPTEURS.

LISTE DES SOUSCRIPTEURS.

LEBRUN, adjoint.
DESTOMBE, adjoint.
LECAT (Louis).
DESBONNETS (Ignace).
LAMBELIN (Isidore).
TIERS (Louis).
DEWITTE (Simon).
DESSAINT (Amand).
DEBUQUOY (Jean-Baptiste).
DUPRET (Constant).
HELLIN (Benjamin).
BONTE-DELOBEL.
LEDUC-DERVAUX.
LEBRUN (Ignace).
TRACHET (Colomban).
DUPIRE (Anne-Marie).
DESRUMAUX (Pierre-Fr.).
LEBRUN (Henri).
DELESALLE (Pierre-Antoine).
SAINLEGER (Pierre-François).
DELECOURT (Adolphe).
DELANNOY (Louis).
VIENNE (Louis).
DUTHOIT (Louis).
DUMONT (veuve).
LEROUX (Pierre-François).
PICAVET (Pierre-François).
DELEPORTE (François).
Le comte DE WAZIÈRES.
CASIER-DEWAZIÈRES.
DELCOURT (Jean-Baptiste).
LAIGNEL (Charles).
CATTEAU-VANDEBEUQUE.
LEFEBVRE-BOUSSEMART.
DELESPIERRE (Pierre)

DETREZ-VIENNE.
LAGACHE (Séraphin).
DETAILLEURS (Louis).
BONDUELLE (Ferdinand).
DELEFORTRIE (Charles).
CLARISSE (Léon).
DECOTTIGNIES (Florimond).
MONTAGNE (Charles).
CUINNIEZ-CARETTE.
DESPLANQUE (enfants).
FORMONT (Joseph).
BONTE (Nicolas).
LUPAR (Jean-Baptiste).
DELEFORTRIE-DELEVOYE.
DELECOURT (Auguste).
DELSART-BEAUVAIS.
BONTE (Louis).
JOVENEL (Augustin).
DELESPIERRE (Jean-Baptiste).
PLOUY (Rodolphine).
BONDUELLE (Auguste).
FRELIER (Jacques).
LEHOUCQ (Florentin).
LEFEBVRE (Edouard).
GHESQUIER (Louis).
WATTEL-DESRUMAUX.
ROUSSEL-DERAIN.
MONTAGNE-LATACHE.
LEHOUCQ-MONTAGNE.
CATTEAU-DESRUMAUX.
CATRISSE (Louis).
GALAND-VILERS.
DUCROCQ, notaire à Marcq-en-Barœul.
VANDONGHEN, fab. de sucre.

LECLERCQ, notaire à Lille.
PICAVET (Ludovic).
LUTUN (Joseph).
ISAAC (Claire
BONTE-LUPART.
LEBRUN-PROCUREUR.
LAMBLIN-SIX.
VANHOENACKER (Jean).
DESRUMAUX-DUTHOIT.
DERAIN-ROUSSELLE (Veuve).
PICAVET (Auguste).
VANDEBEUQUE (G.-A.)
DESBUQUOIS-DUTHOIT.
CRÉPEL (Les enfants).
DESBUQUOIS-CANTILLON.
DESBUQUOIS (Louis).
DELECOURT (Régis).
TERREIN (Marie-Louise).

TERREIN (Simon).
DESBUQUOIS (Jean-François).
DE BADTS (Mme V^e).
CUGNIAC.
BREDA.
DESPLANQUES (Melle).
LELONG (Mme V^e).
COCHET (Notaire à Linselles).
LAMBIN (Notaire et Maire de Comines).
MOILLET.
VENANT.
BOTTIN.
VANDEBEUQUE (Gérard).
DELFOSSE.
RENOTTE (Melle).
LEROUX.

Lille. — Imp. de E. REBOUX.

www.ingramcontent.com/pod-product-compliance
Lightning Source LLC
LaVergne TN
LVHW021739080426
835510LV00010B/1295